Stefano Macrillò

# Senza equilibri né simmetrie

Poesie

*Senza equilibri né simmetrie* - Poesie
Copyright © 2020 Stefano Macrillò

Foto in copertina: *Farfalla*
Copyright © 2020 Stefania Forese

Progetto grafico | Stefania Forese

Independently published on June 2020

ISBN 979-8-6336-8895-5

E-book disponibile

Il mio ringraziamento a Stefania Forese per la sua amicizia affettuosa, il lavoro concreto e per aver condiviso l'utilità di questa follia.

# INDICE

*Introduzione*   7

Essere   9
Ascolta l'istinto   11
Pensiero per nonna   13
D'improvviso trasparenti   15
Oltre il sogno   17
Danza   19
In controluce   21
In te   23
L'Uno   25
Ninna Laura (a mia figlia)   27
Lucernario   29
Sonetto per Macerata   31
Incontro   33
Stilla lucente   35
Senza oriente   37
Elena I (a mia figlia)   39

| | |
|---|---|
| Visione | 41 |
| La trasformazione | 43 |
| All'alba | 45 |
| Madre | 47 |
| Eternità e lontananza | 49 |
| Sii te stesso | 51 |
| M'incanto | 53 |
| Elena II (a mia figlia) | 55 |
| Innamorarsi | 57 |
| A Milano | 59 |
| Lacrime di resina | 61 |
| Padre | 63 |
| Il canto di oggi | 65 |
| Velocità di fuga | 67 |

# INTRODUZIONE

Il poeta è un esploratore di sé, della sua stessa fantasia.

Fin da bambino ho cercato di capire la mia evoluzione, ho cercato di raggiungermi. Queste poesie rappresentano qualche segno della mia ricerca, sono un atto di libertà, una scusa per riflettere. Scrivere è stata una personale forma di meditazione, un andare oltre il pensiero abitudinario. Ho attraversato il territorio conosciuto per sfociare nel mare aperto, alla scoperta dell'orizzonte e del suo al di là, per poi d'improvviso andare giù nei fondali marini o su tra le stelle, cambiando ritmo e direzione senza equilibri né simmetrie.

Tutto può essere poesia, anche le parole.

Stefano Macrillò

**Essere**

Il Sole abbraccia,
la Luna attrae,
e io sono
nel bagliore notturno,
nei giorni uggiosi,
obliquo
e senza tempo.

## Ascolta l'istinto

Navigando senza meta
giù dalla montagna
al novilunio,
d'un tratto sentirai il mio profumo:
se mi avrai riconosciuto
capirai.

Ci perdemmo nel deserto di Tahuì
trafitti dalle spade dell'odio,
poi tornammo nelle isole
da quel vento caldo che sai.

Potrai accogliere il ciclico presagio
socchiudi le ciglia
e respira il nostro antico bacio.

Eternamente cercami.

## Pensiero per nonna

Se piove
mi riparo
con l'ombrello
che m'hai regalato,
così
la pioggia mi diverte.

Saltellando tra le gocce
è una festa
quieti sul filo dell'euforia
ci amiamo per sempre.

## D'improvviso trasparenti

I

Quando piangi
le lacrime di miele
lente
accarezzano il volto
battono nel petto
s'arenano sul ventre.

II

Dal ghiaccio piange
l'essenza
sopita
curvando sul labbro
esita sul dente
cade dal ciglio.

III

T'inarchi come onda
con schiuma di latte
fresco
brillano in aria
tra frecce di luci
sul fianco gli occhi.

IV

Sul corpo ambrato
le dita lievi
passi
accogliendo il sudore,
noi
d'improvviso trasparenti.

## Oltre il sogno

Il sogno è il quesito dell'enigma.
Sulla rotta dell'invisibile,
incrociare le paure,
consolarsi,
dissolvere il mistero intoccabile
e finalmente
stare nella policromia
senza equilibri
né simmetrie.

**Danza**

Ammiro
le forme
in penombra
luminismo
di sera
e sento
l'odore
d'agrumi
spremuti dal corpo.

Osservo
il profilo
soffiato
dal chiaro di Luna
e vibro
d'amore
con te
leggeri
nell'aria.

**In controluce**

Notte fulgente
sugli scogli brilli le creste
di flutti felici
in una fiamma
di mille lapilli e spuma
ricco
e nei riflessi
lo sguardo primitivo
mentre spunta
il plenilunio
sulla pietra spruzzata d'onda.

**In te**

Tra i solchi della tua corteccia
cerco
ansimante
l'anima.

Nei tuoi pori
scopro
attonito
lo spirito.

Sotto il petalo del tuo seno
assaporo
posseduto
la linfa.

Tra i cristalli del tuo pudore
vedo
sognante
l'invisibile.

**L'Uno**

Ti sento
come l'aria avvolge il mondo.

Ti desidero
con la frenesia del colibrì.

T'immagino
nelle fantasie di un poema.

Stiamo
come corteccia al tronco
e radice nella terra.

**Ninna Laura**
(a mia figlia)


Ninna la stella
la Luna nanna,
nanna la Luna
la stella ninna.

Ninna Laura
la Laura nanna,
nanna la Luna
la stella ninna.

Laura la Luna
la stella Laura,
Laura la stella
la Luna Laura.

Ninna Laura
la Laura nanna,
nanna la Luna
la stella ninna.

**Lucernario**

Salpa la notte
dal tetto sotto la Luna;
gli occhi scintillano
e ascolto
stupito
la tua voce narrare
in un soffio leggende.

**Sonetto per Macerata**

Ricordo mar che non deluse mai
le onde mi par di vedere lontano
l'eco di "cocco", calore umano,
ma c'era tanto amore e l'amai.

Oggi di allora è il domani
Firenze di Macerata periferia
la vita è infinita nostalgia
di tempi, spazi, di volti e mani.

Dal nido sui rami della memoria
spicca il ricordo che mai mente
solca il papiro della mia storia,

l'uomo è tornato, non più latente;
ed ecco il graffito per la sua gloria:
soffia lo zèfiro di giusta gente.

**Incontro**

Con candore
donarci la grazia degli occhi
per un bagno rilassante
d'innocente imprudenza.

Senza fretta,
nient'altro conta.

Tutto è lì
nell'attimo infinito
vita
del tuo sorriso.

**Stilla lucente**

All'alba
d'autunno
sul filo d'erba
una goccia di rugiada
risplende
e tu
nei riflessi
coi tuoi occhi lucenti
m'inviti nell'Universo.

**Senza oriente**

I nostri abbracci
dissolvono il tempo,
orologi senza lancette
evaporano lo spazio.

Avvinti,
rinunciamo all'azione,
come alianti
soffiati nell'azzurro.

Recido così i tre petali di Aristotele,
l'anima germoglia
e trascesa la realtà
fioriamo in una danza senza oriente.

**Elena I**
(a mia figlia)

Fiore di bagliori astrali.

**Visione**

Meditando
vedo la savana
e un taglio all'orizzonte
tra il mare di sabbia e il cielo;
brulica il riverbero in lontananza
poi s'eclissa
e alimenta il mio sogno.

Ecco il miraggio della tua ombra,
sei là?
In fondo al taglio del deserto?

Seguo i tamburi ossessivi,
dal passato mi spingono
alla follia di attraversare il nulla.

Corro verso l'abbaglio
vero ed evanescente
ma nell'angoscia vivo.

T'intravedo laggiù
e se non ti raggiungessi
ascolta,
sentirai la sottile melodia
della visione.

## La trasformazione

Tutto avvenne
e diverrà,
ma qui
ora
sta l'eternità.

## All'alba

Risveglio di un giorno nuovo,
nuovo orizzonte per il respiro
per un viaggio nuovo.

Il chiarore nascente
intona nel cielo il suo primo sorriso,
e la volta annuncia il tuo viso.

Due fanciulli si danno la mano
la gabbia è aperta
vola via il gabbiano.

# Madre

Fu corda di chitarra spezzata,
un pigolio d'uccellino morente,
un paesaggio senza aurora,
arcano della solitudine.

È zucchero velato,
canto di Teresa Salgueiro,
tramonto nel cielo,
pennello sulla tela,
armonie di sapori,
foglia tremante,
danza d'incenso
e rondine.

**Eternità e lontananza**

Mai ti dimenticherò
e il tempo non vincerà
l'incanto del nostro sguardo eterno.

Il cosmo infinito ci condanna,
ma ora,
che posso abbracciarti,
vive la sua sconfitta.

La passione di un momento è perenne,
la distanza scompare
e affiora la sovrumana emozione.

Il ricordo sta in un istante
e m'allaga il cuore
dilatando l'istinto di noi.

**Sii te stesso**

Solo il Sole soleggia solo.

Un assolo
in solitudine
silente
e assoluta.

**M'incanto**

Di fronte al fiore
mi perdo nel candore,
l'inutile s'annulla
e sfumo nel colore.

Svanisce la ragione
si scioglie ogni tensione,
naufrago nelle tue mani
i pollini tornano al fiore.

Così rinnova lo splendore
il mito dell'Amore.

**Elena II**
(a mia figlia)


Nella goccia
l'orchestra
dei tuoi raggi
di luce.

**Innamorarsi**

Tutto vibra di te
Sirena
di quiete ricca
e sguardi neri.

Sul ciglio di una scogliera
l'antico ballo dipingi
suadente
come una pantera
nobile e fiera.

## A Milano

Brilla la Luna d'altri mondi,
e l'anima latina
sospira malinconica.

## Lacrime di resina

Ginestra nella bocca
pini tutt'intorno,
perle di resina
lente
cercano sentieri su di te.

Iride d'oro luminescente
e olio di cocco.

Per la tua macchia mediterranea
vagano
farfalle dal muto svolare
e pollini di desiderio.

Dai fianchi oscilli
sul profilo nella penombra
del barlume lunare
tu,
che di notte aleggi
al chiaroscuro
e io,
attratto dal riverbero
fatto di dune,
avvisto le dolci vele
di lacrime di resina.

**Padre**


Per la natura fu forte come l'Amazzonia.
La figura scolpita nella vetta
miniera di carbone, salnitro e pioggia.

D'inverno tornò dall'altopiano
e la musica pluviale stonò in tetro ruggito,
così l'astro fu terra sulfurea.

Col cadavere in spalla
camminai ansimando
fino a Horos.

Andai oltre
finché, in un campo fiorito, lo seppellii
e ripresi il sentiero.

## Il canto di oggi

Inoltrati nella foresta,
cerca l'alchimia
per scoprire l'Eldorado,
dopo potrai trasformare
le ferite in pelle di velluto.

Con tale saggezza
il passato non sarà la tua àncora
nei bassifondi della perpetua sofferenza.

L'eco delle urla non siano il richiamo di oggi,
libera il canto senza le catene di ciò che fu.

## Velocità di fuga

Verrà
la sua voce,
soffio di vento
dall'avvenire.

Il silenzio profumerà.
L'abbraccio sarà l'aedo.

Leggerai questi versi e mentre li scrivo,
tutto si compie nel presente perfetto
l'emozione quantica
fugge
tra passato e futuro
nel pensiero felice.

# Biografia

**Stefano Macrillò** (Macerata, 1962), è scrittore e musicista, ha lavorato per trent'anni nel settore della comunicazione (Gruppo Mediaset); ha vissuto a Macerata, Salerno, Versilia, Madrid, Venezia, Milano e Firenze.

Affascinato dalla cultura ispano-americana si laurea in Lingue e letterature straniere (lingua spagnola) presso la Facoltà di Lettere e Filosofia di Pisa con una tesi sulle *Novelas ejemplares* di Cervantes. Con gli studi universitari arrivano le prime pubblicazioni su riviste specialistiche.

A sedurlo sono le relazioni di viaggio redatte durante le scoperte geografiche del '4/'500, di qui le pubblicazioni di articoli e saggi (tra gli altri ricordiamo: per L'Universo, *Cristoforo Colombo, lo sguardo all'ultimo orizzonte*; *Scoprirsi nello scoprire*; *La scoperta del Brasile nella Lettera di Pero Vaz de Caminha*; per Intraprendere, *Un ulisside fa rotta verso la conoscenza*, e in relazione ai suoi interessi musicali *Sul cammino degli Inti Illimani*).

Tiene la rotta con "lo sguardo all'ultimo orizzonte", orientato alla conoscenza ulteriore e approda all'introspezione con le raccolte *Frammenti di déjà vu* (racconti) e *Senza equilibri né simmetrie* (poesie). Corona così il suo sogno di solcare i mari dell'intuizione per avvicinarsi, da navigante in ascolto, agli stati emotivi del viaggio, alla scoperta di sé.

Link dell'Autore:
https://www.facebook.com/profile.php?id=100012106122192

## Riconoscimenti

MENZIONE DI MERITO come **Miglior poesia originale** con l'opera *Senza equilibri né simmetrie* - Sezione B Silloge poetica - 4a Edizione del RIVE GAUCHE-FESTIVAL - Concorso letterario per opere in prosa, poesia e testi teatrali, Firenze, 2019.

Dello stesso autore:

*Frammenti di déjà vu* - Racconti

*Senza equilibri né simmetrie* - Poesie